Método Gráfico de Español

Palabras en español con significados en imágenes
16 verbos en imágenes
10 adjetivos en imágenes
Además pronombres, preguntas, saludos y explicación del método
para la enseñanza del idioma español

Fresia Valdivia Gálvez
Natalia Oblitas Valdivia

DEDICACIÓN

Dedico este libro a las cuatro primeras alumnas de español que depositaron en mí su confianza y amistad:

Debbie McGibbon
Leslie Sager
Kathleen McCowan
Susan Lichtenberg

Dedico este libro a toda la familia y amigos que me hicieron amar mi primer idioma, con ustedes están las mejores memorias.

CONTENIDO

AGRADECIMIENTO

Ana María Ramos Navarro
Carlos Valdivia Gálvez

Por su colaboración en la corrección y revisión del texto.

Método para usar el Diccionario grafico en la enseñanza de español a niños

Este método fue creado en base a varios años de experiencia en las aulas, con niños, jóvenes y adultos mayores, la primera herramienta para usar bien cualquier método o fórmula es el entusiasmo, todo aquello que conlleva pasión obtendrá buenos resultados.

¿Qué puede ser más divertido que disfrutar las palabras con lápices de colores, cuentos, canciones, representaciones y otras actividades que le den a la palabra sentido, vida, movimiento y color?

Ciertamente debemos cuidar también el aspecto del espacio físico y la organización, animar a los niños a mantener en orden los útiles dependerá de la presentación de los mismos, si ellos ven que los colores están reunidos, repartirán ese orden pues así lo usaran y les parecerá divertido volver a armar las familias del amarillo, del rojo etc.

Explicar el tema del día al empezar la clase pintando las palabras que se usaran en el libro manual , por ejemplo , pintaremos las frutas, escribiremos su nombre o le pondremos un sticker con el nombre y allí podremos hacer un gran frutero en la pizarra y cada niño dibujará una fruta hasta que quede lleno y sabroso, si digo manzanas, se pararan a colocar manzanas los niños que las eligieron , luego naranjas y demás frutas deberán reconocer la palabra que las identifica…

En la siguiente clase es recomendable preguntar sobre estos nombres, por ejemplo , levanten la mano quienes pusieron las uvas en el frutero etc. Los cuentos son una excelente manera de usar el idioma, luego de colorear las figuras de los animales, podremos hacer un cuento con ellos , y acompañar la clase de figuras hechas con los niños o dibujos con tiza .

Las autoras , además de ser madre e hija venimos de la misma experiencia de padres maestros , estuvimos en las aulas primero como estudiantes y después crecimos visitando y acompañando en las aulas a nuestros padres.... esa semilla que traemos sembrada nos invita a sembrar ideas, palabras, arte, en las vidas de nuestros alumnos, el diccionario gráfico solo es un instrumento para darle un poco de orden a la secuencia de las palabras y será un ayuda memoria cuando regresemos las hojas para recordar el nombre de esa fruta roja con una hojita , que pintamos hace unos días. Este método, no está prohibido para adultos, puede ser una forma divertida y ligera de fijar las palabras en nuestras mentes, colorear quita el estrés y ¿a quién no le dan ganas de tener un bonito cuaderno como si fuéramos escolares aun?

A los profesores que quieren aprender español, practicar o dar clases les anunciamos que damos clases privadas, individuales y grupales. Preparamos temas de conversación para dialogar y hacer talleres grupales dinámicos, la asertividad, liderazgo, metodología entre otros. Cualquier información comuníquese con nosotras.

Gracias.

1 | NÚMEROS

¡Vamos a contar del 1 al 10!

1. Uno

2. Dos

3. Tres

4. Cuatro

5. Cinco

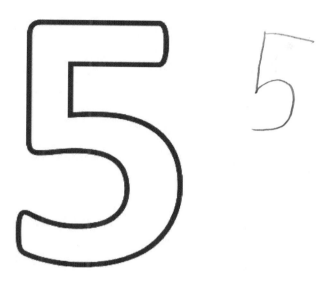

6. Seis

7. Siete

8. Ocho

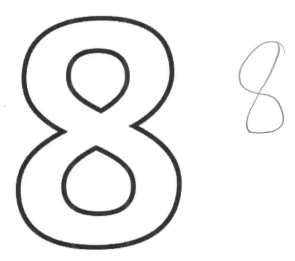

9. Nueve

10. Diez

9

2 | COLORES

¡Mis colores favoritos!

1. Rojo

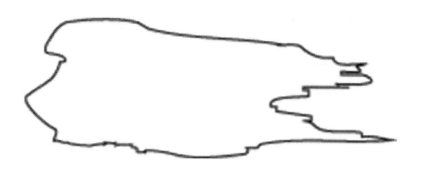

2. Amarillo

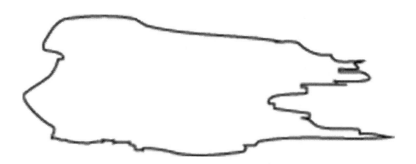

3.   Azul

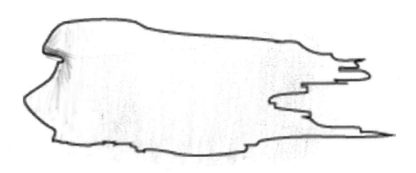

4.   Blanco

5.   Negro

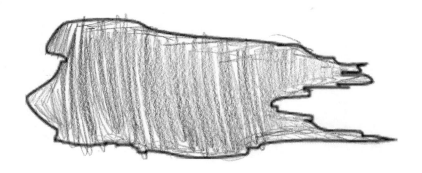

6.   Gris

7.   Verde

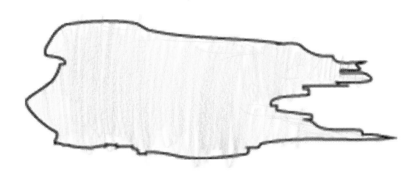

8.   Morado

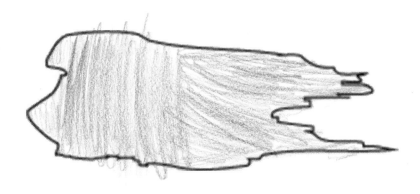

9.   Rosado

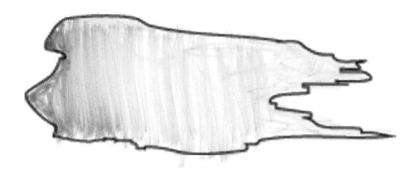

10. Marrón

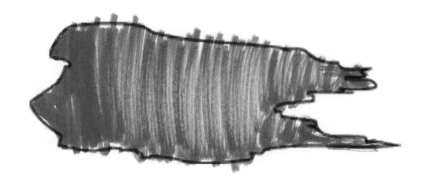

3 | ANIMALES

¡Mis animales favoritos!

1. Perro

2. Gato

3. Conejo

4. Caballo

5. Vaca

6. León

7. Cerdo

8. Elefante

9. Oso

10. Tigre

4 | VERDURAS

¡A comer verduras!

1.   Zanahoria

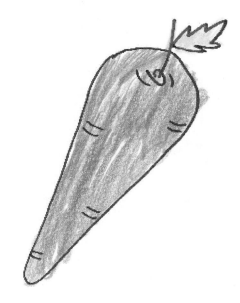

2.   Papa

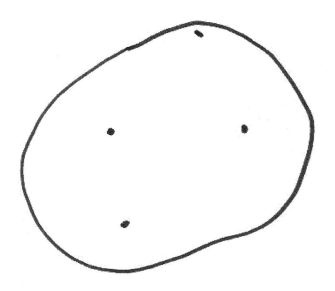

3.   Tomate

4.   Betarraga

5.   Apio

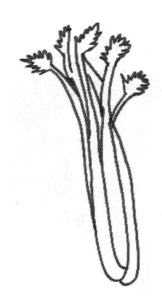

6.   Lechuga

7. Rabanito

8. Cebolla

9.　　Ajo

10.　　Maíz

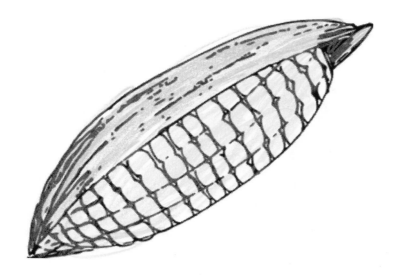

5 | FRUTAS

¡A comer frutas!

1.   Manzana

2.   Plátano

3.   Uvas

4.   Sandia

5.   Papaya

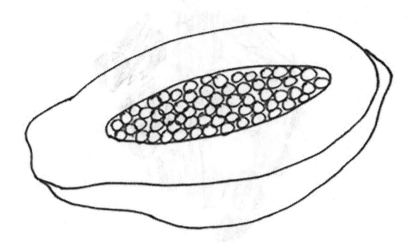

6.   Durazno

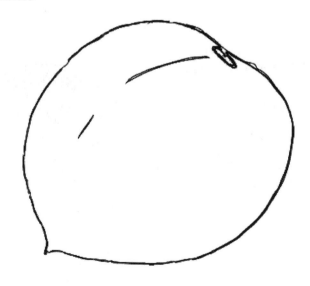

7.   Fresas

8.   Pera

9. Melón

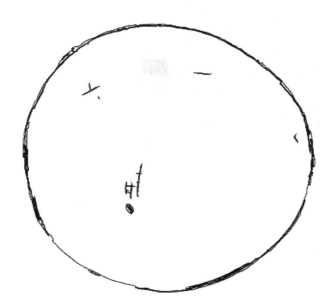

10. Naranja

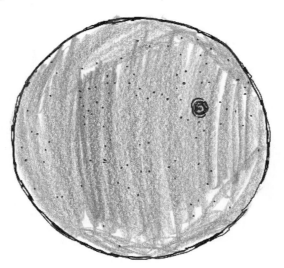

6 | ALIMENTOS

¡Hora de comer!

1.   Pan

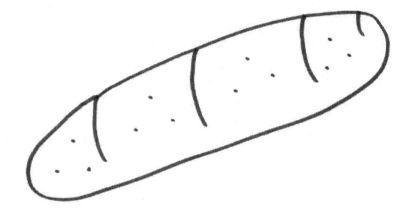

2.   Mantequilla

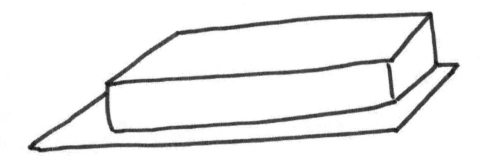

3.   Azúcar

4.   Leche

5.   Queso

6.   Jamón

7.   Arroz

8.   Carne

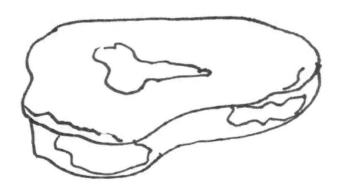

9.   Pollo

10.   Pescado

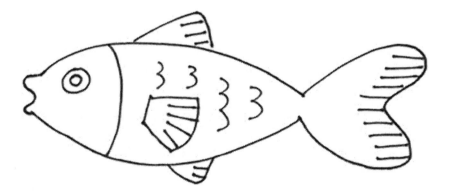

7 | FAMILIA

¡Una familia feliz!

1.   Madre

2.   Padre

3.   Hermano

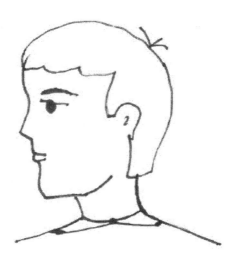

4.   Tío

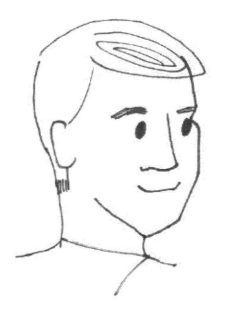

5.   Primo

6.   Sobrino

7.   Padrino

8.   Abuelo

9.   Yerno

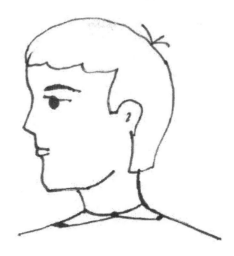

10.   Nuera

8 | CUERPO HUMANO

¡De pies a cabeza!

1.   Cabeza

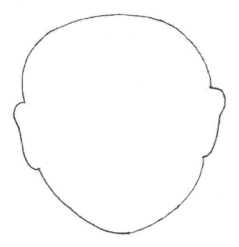

2.   Tronco

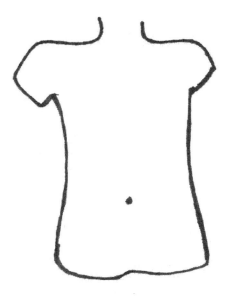

3.   Brazos

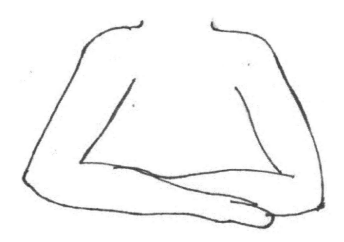

4.   Piernas

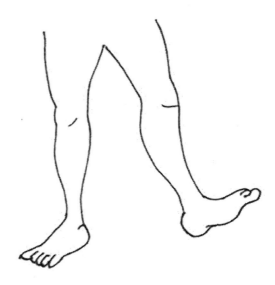

5. Manos

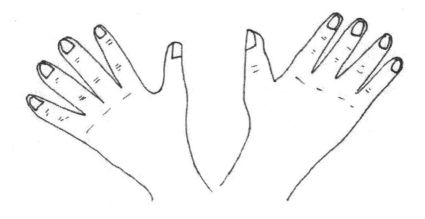

6. Pies

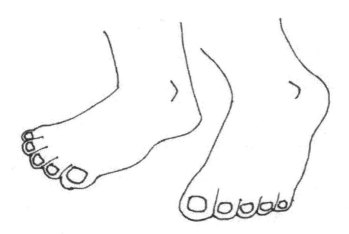

7.   Ojos

8.   Nariz

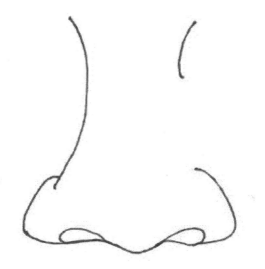

9.   Boca

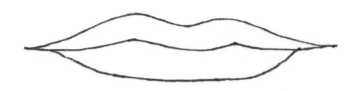

10.   Orejas

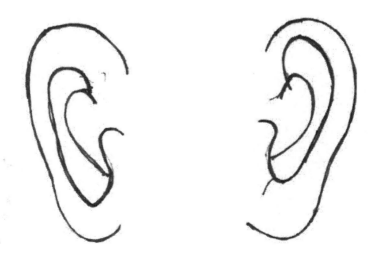

9 | LOCALES

¡Los lugares de mi vecindario!

1.   Casa

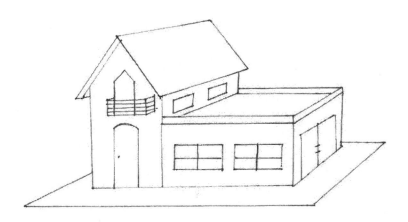

2.   Escuela

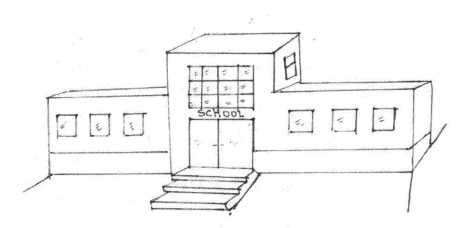

3. Biblioteca

4. Iglesia

5.   Mercado

6.   Restaurante

7.   Aeropuerto

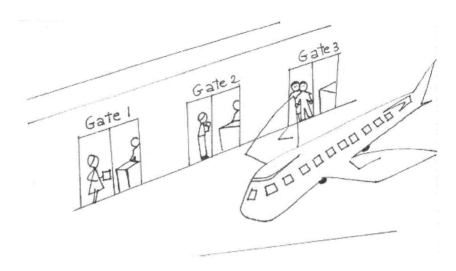

8.   Estación del tren

9.   Parada de bus

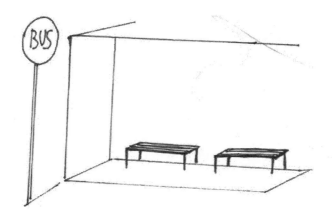

10.   Edificio

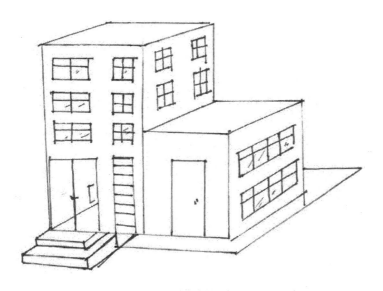

10 | TRANSPORTE

¡Viajando de un lugar a otro!

1.   Carro

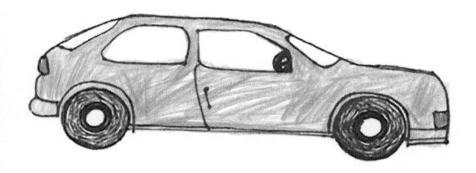

2.   Ómnibus

3.   Motocicleta

4.   Bicicleta

5.   Tren

6.   Camión

7.   Bote

8.   Avión

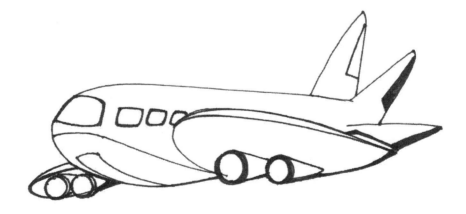

9.   Helicóptero

10.   Monorriel

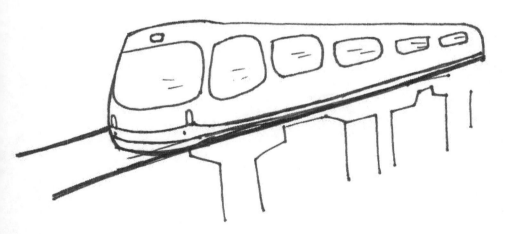

11 | PROFESIONES

¡Lo que quiero ser cuando sea grande!

1.   Profesor

2.   Doctor

3.   Abogado

4.   Ingeniero

5. Recepcionista

6. Artista

7. Policía

8. Bombero

9. Cocinero

10. Albañil

12 | ADJETIVOS CALIFICATIVOS

1.	Bonito

2.	Feo

3.   Grande

4.   Pequeño

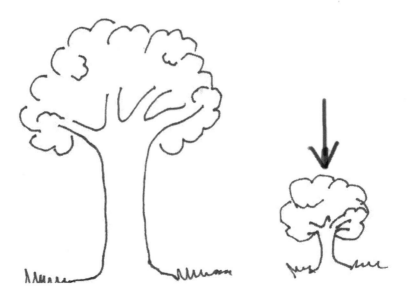

5. Nuevo

6. Viejo

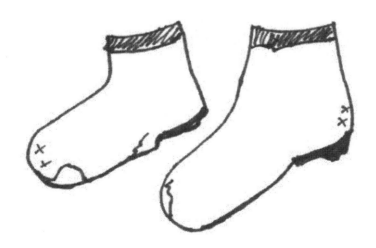

7.   Feliz

8.   Triste

9. Bueno

10. Malo

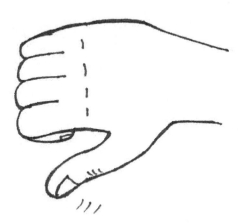

13 | PREGUNTAS

1.

¿ ¿Qué?

¿Qué?

2.

¿Cómo?

¿Cómo?

3.

¿Quién?

¿Quién?

4.

¿Donde?

¿Dónde?

5.

¿Cuándo?

¿Cuándo?

6.

¿Por qué?

¿Por qué?

7.

¿Para qué?

¿Para qué?

8.

¿Cuánto?

¿Cuánto?

14 | SALUDOS / DESPEDIDAS

1. Buenos días

2. Buenas tardes

3.   Buenas noches

4.   Hasta mañana

5.   Hasta pronto

6.   Chau

7. Adiós

15 | PRONOMBRES PERSONALES

1.   Yo

2.   Tú

3.   Él

4.   Ella

5.   Nosotros

6.   Ustedes

7.   Ellos

8.   Ellas

16 | CLIMA / ESTACIONES / ASTROS

¡Qué bonito el cielo!

1. Verano

2. Otoño

3.   Primavera

4.   Invierno

5.   Frío

6.   Calor

7.   Lluvia

8.   Sol

9.   Luna

10.   Estrellas

17 | TIEMPOS DEL DÍA

1.   Mañana

2.   Tarde

3. Noche

4. Desayuno

5.   Almuerzo

6.   Cena

7.   Hora de levantarse

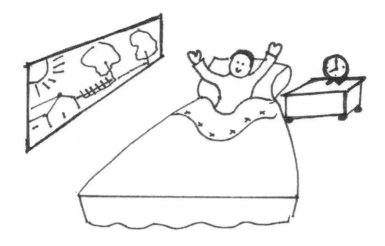

8.   Hora de dormir

18 | VERBOS

1. Vivir

2. Comer

3.   Beber

4.   Ver

5.   Hablar

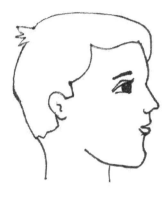

6.   Oir

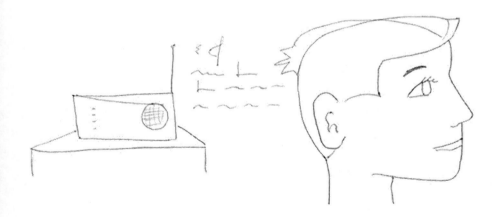

7.   Hacer

8.   Querer

9. Pensar

10. Usar

11. Ir

12. Dormir

13.   Trabajar

14.   Caminar

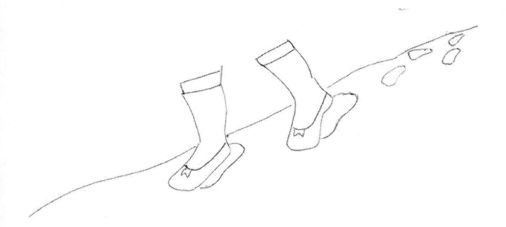

15. Leer

16. Escribir

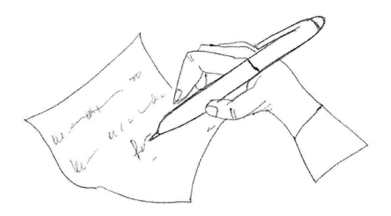

El león bromista

Había una vez un león al que le gustaba hacer muchas bromas, debes pensar que era un león muy gracioso. Pero sus amigos no pensaban lo mismo. Un día, el león le dijo al elefante "¡Hola elefante, estás tan gordo que si bailas causarías un terremoto! ¡Jajaja! Pero el elefante no se rio. Más tarde el león se encontró con el oso y animadamente le dijo " hola oso perezoso" ¡jajaja! Pero el oso no se rio… Por último el león se encontró con el tigre y le dijo "Tigre, te ves genial hoy" el tigre asombrado de recibir un comentario amable del león le respondió "muchas gracias león, tú también te ves muy bien" a lo que el león respondió "claro que me veo bien, yo no llevo tantas rayas como tú así que no mareo a los demás, ¡jajaja!". Pero el tigre no se rio…

Los animales decidieron hacer una reunión en donde todos ellos se quejaron del león. "hay que darle su merecido" decía una jirafa "el león se burló de lo alta que era" agregó ofendida. El perro dijo "y el león también se burló de que siempre persiga mi propia cola" … y las quejas no paraban. Muy bien dijo el elefante, tenemos que enseñarle una lección al león. Vamos a invitarlo a una fiesta, y en la fiesta todos nos burlaremos de él… y así veremos quien ríe más…Al caer la noche los animales habían armado una gran fiesta, el león llegó muy contento y listo para empezar con sus bromas. El elefante al verlo le dijo "León, te hubieras peinado para la ocasión, tu melena es tan grande que parece que una bomba hubiera explotado en tu cabeza ¡jajaja!". El león esta vez no se rio, pero todos los animales a su alrededor sí se rieron y mucho. Entonces el oso dijo en voz alta "León, te puedo dar el número de mi peluquero, es muy bueno… aunque no sé, si hace milagros! ¡Jajaja!" Y todos los animales se rieron, pero el león no se rio.

Llegó el turno del tigre, que había preparado una broma muy buena, pero se sintió culpable de hacer pasar este mal rato al león aunque este se lo mereciera. "león" dijo el tigre, "debes sentirte muy orgulloso, todos hemos aprendido tu estilo de bromas", "no" dijo el león… "no me gustan sus bromas", "a nosotros tampoco nos gustan las tuyas" respondió el tigre, "debes de aprender que cuando tú eres el único q se ríe de una broma hecha a costas de alguien, eso ya no es broma, eso se llama burla". El león se dio cuenta de su error y muy avergonzado pidió disculpas a sus amigos los animales. La fiesta se volvió muy divertida, y esta vez todos los animales se reían y la pasaron bien. Es más, el elefante se animó a bailar, y no causó ningún terremoto.

Cuento colores

Había una vez una niña llamada Kathy. Kathy amaba el color rosado y todo lo que ella tenía era rosado. Su cuarto era rosado, su cama era rosada, y hasta ¡su cabello era rosado! Un día, Kathy recibió un regalo. Ella abrió el regalo con mucha alegría. El regalo era una hermosa muñeca, pero esta muñeca tenía un pequeño problema. Su vestido era rojo, y no rosado. Su cabello era marrón y no rosado. y sus zapatos eran negros y no rosados. Kathy estaba muy triste ya que a ella sólo le gustaba el rosado.

La muñeca, que tenía el don de hablar, noto que Kathy estaba triste. "Hola Kathy" le dijo la muñeca. "Me llamo Tina, y quiero ser tu amiga". Pero... Kathy respondió: "tú tienes un vestido rojo, cabello marrón, y zapatos negros y a mí solo me gusta el color rosado". Tina le dijo con una gran sonrisa "oh Kathy, los colores no importan, todos ponemos tener gustos distintos y eso nos hace únicos. A mí me gusta el color rojo, y a ti te gusta el color rosado. Pero para ser amigas solo necesitamos aceptarnos y querernos mucho. Kathy pensó un momento en lo que Tina le decía y se dio cuenta que el color rojo también era muy bonito, pero sobre todo entendió que las diferencia no importan y que no quería perder la oportunidad de lograr una gran amistad con Tina.

Kathy y Tina se convirtieron en grandes amigas, y si le preguntas a Kathy cuál es su color favorito, ella te dirá "¡me gustan todos los colores!". Pinta a Tina, la muñeca de Kathy con tus colores favoritos.

Ensalada de frutas

¡Vamos a hacer una rica ensalada de fruta! Esta ensalada es muy dulce y puedes usar tus frutas favoritas.

Ingredientes

1 manzana, 1 plátano, uvas, ¼ sandia, ½ papaya, 1 durazno, 10 fresas, 1 pera, ½ melón.

Leche condensada o yogurt.

Procedimiento

1. Pela la manzana, el plátano, el durazno y la pera. Corta las frutas en cuadrados.

2. Corta la sandía, la papaya y el melón por la mitad. Quítales la cáscara y corta las frutas en cuadrados.

3. Pon todas estas frutas cortadas en un tazón grande y agrégale las fresas y las uvas bien lavadas.

4. Para terminar agrega la leche condensada o el yogurt a las frutas y mezcla bien.

5. ¡A comer! Comparte esta rica ensalada con toda tu familia.

Números

¡Vamos a practicar con los números! Escribe el resultado de las siguientes sumas en letras ¡Vamos a ver si te

acuerdas como se escriben los números!

Uno + uno = 2

Dos + tres= 5

Uno + cinco= 6

Seis + cuatro = 10

Nueve + uno = 10

Ocho + uno = 9

Siete + dos= 9

Practicando con las partes del cuerpo

¡Esta actividad incluye movimiento, así que nadie se quede sentado! Lee la oración en voz alta y señala la

parte del cuerpo a la que la oración se refiere.

1.   Cuando voy a comer, uso mis_____ para coger el tenedor.

2.   Cuando quiero mirar televisión, uso mis _____ para mirar.

3.   Cuando me pongo un sombrero este va sobre mi_____.

4.   Yo uso los zapatos en mis_____.

5.   Cuando abrazo a alguien uso mis_____.

6.   Cuando respiro uso mi _____.

7.   Cuando   escucho   uso   mis   _____.

INFORMACIÓN SOBRE LA AUTORA

Fresia Valdivia Gálvez nace en Lima en 1959; estudia periodismo en la Escuela Superior Jaime Bausate y Meza, su espíritu libre y creativo encuentra su opción de vida en el arte. Estudia escultura en el taller de Salinas Rosas y pintura al óleo en Chile, además de especializaciones en México.

Ejerce la docencia artística condensando su experiencia en 1997 en "El ABC de la Cerámica al Frío", retorna en el 2000 con "Reciclando Todo" y en el 2002 publica "El Compendio de la Cerámica al Frío". Fresia nos sorprende con su versatilidad y revela a la poetisa en su primer poemario "donde estás paz?" (2001) y el libro "Contracorriente" (2003), narrativa donde la afirmación de ser mujer es la lucha y conquista continua de su identidad.

En la actualidad, Fresia radica en Seattle Washington y continua creando y enseñando arte.

49945705R00067

Made in the USA
Charleston, SC
10 December 2015